Libre

Libre

FD

Círculo Rojo
EDITORIAL

Primera edición: diciembre 2025

Depósito legal: SE 2980-2025

ISBN: 979-13-7035-265-3

Impresión y encuadernación: Editorial Círculo Rojo

Editorial Círculo Rojo
www.editorialcirculorojo.com
info@editorialcirculorojo.com

Impreso en España — Printed in Spain

El papel utilizado para imprimir este libro es 100% libre de cloro y por
tanto, **ecológico**.

Prólogo

Durante mucho tiempo tuve miedo de contar mi historia.

Miedo a ser juzgada, a que el pasado volviera a doler, a que las heridas se abrieran otra vez.

Pero un día entendí que el silencio no sana, solo pesa.

Callar lo que nos duele es como seguir viviendo en esa oscuridad que un día nos hizo daño.

Este libro nace de un deseo profundo: liberar mi voz.

Porque detrás de cada lágrima, de cada caída y de cada silencio, hubo también una mujer que siguió adelante,

que no se rindió, que se negó a dejar que su historia terminara en el dolor.

Y quiero decir que este libro, más que mío, es nuestro.

Digo «nuestro» porque pertenece también a quienes caminaron conmigo cuando dejé de creer en mí y en la humanidad.

No es un libro perfecto, pero es real.

Está hecho de pedacitos de vida, de voces que me sostuvieron, de miradas que me recordaron que aún existía bondad en el mundo.

No escribo desde el rencor, sino desde la gratitud.

Gratitud por las personas que me tendieron la mano cuando más lo necesité,

por los lugares donde encontré consuelo, por las mujeres que me inspiraron,

y por mis hijos, que me enseñaron que siempre hay una razón para levantarse.

Este no es un libro sobre la tristeza, sino sobre la **RESILIENCIA**.

Sobre cómo, incluso cuando todo parece perdido, la vida encuentra una forma de florecer de nuevo.

Aquí comparto mi verdad, sin adornos, sin miedo.

No busco compasión ni admiración, solo comprensión.

Si mi historia logra tocar un corazón, si ayuda a otra persona a entender que sí se puede salir adelante, entonces habrá valido la pena cada palabra.

Porque escribir no ha sido fácil; ha sido revivir, llorar, sanar y, finalmente, renacer.

Y si hoy puedo hacerlo, es porque descubrí que no hay pasado tan oscuro que pueda apagar la luz de quien decide volver a vivir.

Esta es mi historia.
Una historia de dolor, sí, pero, sobre todo, de esperanza.

— FD

Introducción

A veces los libros no nacen de la alegría, sino del cansancio del alma.

Este libro nació así, entre lágrimas, silencios y una profunda necesidad de entenderme.

No fue una inspiración repentina, sino el resultado de años intentando poner en palabras aquello que alguna vez me rompió.

Durante mucho tiempo guardé historias que pesaban demasiado, heridas que creí que el tiempo borraría, pero entendí que el tiempo no cura lo que no se enfrenta.

Escribir estas páginas fue un proceso de reencuentro.

Cada palabra me ayudó a reconocer a la mujer que un día perdió la fe, a la niña que aprendió demasiado pronto a ser fuerte, y a la madre que comprendió que incluso las cicatrices pueden tener belleza.

Este no es un libro para provocar lástima.

Es un espacio para mirar de frente lo que duele, para recordar que el silencio no debe ser una condena y que las historias difíciles también merecen ser contadas con dignidad.

Aquí no hay víctimas, hay vidas reales.
Relatos de caídas y de comienzos, de miedos y de valentía, de una mujer que, aun en la oscuridad, encontró la forma de volver a levantarse.

No busco enseñar, solo compartir.
Si estas páginas logran acompañar a alguien que atraviesa su propia tormenta, entonces el propósito estará cumplido.

Hoy miro hacia atrás con serenidad.
No porque todo haya sido fácil, sino porque cada batalla me enseñó algo sobre mí misma y sobre la fuerza que nace cuando decidimos seguir adelante.

Este libro es mi forma de decir:
«Sobreviví, sí… pero, sobre todo, aprendí a vivir».

— FD

Capítulo 1:
Donde todo empezó

Nací y crecí en un pequeño pueblo de Honduras, un lugar donde las paredes tenían oídos y los chismes corrían más rápido que el viento. Allí, todos sabían de todos, y el silencio era un lujo que pocas veces se podía permitir.

Las calles eran de tierra rojiza, las casas humildes y pegadas unas a otras, con techos de zinc que cantaban con cada lluvia. Recuerdo el olor a café recién tostado en las mañanas y las voces de las vecinas gritando desde las ventanas, contándose la vida ajena como si fuera suya. El pueblo tenía algo de jaula y de refugio a la vez.

Vivía con mi madre, mi padre, mi hermano mayor y tres menores. Éramos muchos, y el ambiente en casa se sentía pequeño, como si el aire tuviera miedo de moverse. Mis padres eran estrictos, muy machistas y controladores. Cada palabra suya pesaba como una ley, y cada mirada suya me recordaba lo que no debía hacer, decir o sentir.

Desde muy niña aprendí a medir mis pasos. El miedo a provocar su enojo era como una sombra que me seguía a todas partes. Había días en que soñaba con ser libre, salir a jugar, tener amigas, reírme sin mirar por encima del hombro. Pero mis padres no lo permitían. Las amistades, según ellos, solo traían problemas. Así, crecí entre paredes que conocían más mis silencios que mis risas.

Había días en que el sol entraba por las rendijas de las paredes y me hacía imaginar otros lugares. Me gustaba pensar que, en algún sitio, las niñas podían correr sin permiso, reírse sin miedo a ser reprendidas. Yo soñaba con ser libre.

Aun así, dentro de mí crecía una voz pequeña, terca y luminosa. Quería ser periodista. No sé de dónde nació ese sueño, quizá de las ganas de contar lo que otros callaban, de dar nombre a las cosas que me dolían o me daban miedo. Imaginaba que, algún día, mis palabras podrían atravesar el ruido de los chismes y decir la verdad.

Recuerdo que, cada vez que escuchaba la radio y oía a los periodistas hablar con firmeza, algo se encendía en mí. Quería ser como ellos: alguien que tuviera permiso de contar, de preguntar, de decir la verdad sin temblar. Quizá ese deseo nació de las ganas de darle nombre a lo que yo no podía contar, de poner palabras donde mi vida solo tenía silencios.

Hay dos momentos que marcaron mi vida para siempre. Uno fue la decisión —o quizá el destino— de dejar Honduras y venir a vivir a España, un salto que cambió todo lo que era. El otro fue una herida profunda: el abuso que sufrí y que todavía, con el tiempo, sigo aprendiendo a mirar sin romperme.

Son historias distintas, pero ambas me enseñaron que el dolor y la esperanza pueden habitar el mismo cuerpo.

Capítulo 2:
La adolescencia que no pude vivir

Mis padres nos querían, de eso no tengo duda. Pero su forma de ver la vida era completamente distinta a la mía. Crecí con la sensación de que el cariño venía acompañado de miedo y de reglas que nunca se podían cuestionar. En casa se hacía lo que ellos decían, y lo que estaba bien o mal no dependía de la lógica, sino de las costumbres.

Siempre quise lo mismo que cualquier chica de mi edad: tener amigas, reírme, salir a la calle sin sentirme observada. Pero mi adolescencia fue distinta. Una de las cosas que más me marcó fue cuando tuve mi primera regla. A partir de ese momento, todo cambió. Mi padre dejó de sentarme en sus piernas, como si de repente hubiera dejado de ser su hija para convertirme en alguien de quien debía cuidarse. Ya no podía jugar con mis hermanos como antes, porque eso «no era propio de una señorita».

Desde entonces, me enseñaron a salir a la calle con la mirada hacia abajo. Si por casualidad mi mirada se cruzaba con la de algún chico, era señal de que lo estaba buscando o de que me gustaba. Así de frágil era el equilibrio entre lo correcto y lo prohibido. Empecé a caminar con miedo de cometer errores que ni siquiera entendía.

Después de un problema con unas vecinas, mis padres decidieron enviarme a estudiar fuera, a un colegio militar. Creían que así estaría más controlada y que me concentraría solo en los estudios. Antes de irme, mi padre me hizo prometerle algo que todavía recuerdo con una mezcla de tristeza y rabia: que terminaría mi carrera siendo virgen.

Esa promesa se convirtió en una carga. Cuando estaba en el último año, incluso quiso llevarme al médico para hacerme una prueba ginecológica y comprobar si lo había cumplido. Fue uno de los momentos más duros de mi vida, y también uno de los que me abrió los ojos.

Me di cuenta de que necesitaba escapar de ese entorno. No porque no los quisiera, sino porque no podía seguir viviendo sin decidir por mí misma. Tenía una necesidad enorme de volar, de tomar mis propias decisiones y descubrir quién era sin que nadie me vigilara.

Además, siempre había querido ser periodista. Quise irme a **San Pedro Sula** para estudiar **Pe-**

riodismo, la carrera que tanto anhelaba. Era la primera vez que sentía que algo podía ser verdaderamente mío: una meta nacida de mis propias ganas, no de lo que otros esperaban de mí. Pero mi padre no lo permitió. Me dijo que no podía irme porque iba a compartir piso con una prima que era divorciada.

Recuerdo su voz dura, su gesto de desaprobación, y cómo aquella palabra —divorciada— sonó como si fuera una ofensa.

«Será una mala influencia para ti», me dijo. En ese momento entendí que, para él, la reputación pesaba más que mi libertad, y que la vida que yo deseaba no tenía cabida en el mundo que me habían impuesto.

Pero también en aquellos años, alrededor de 2012, estudiar Periodismo en Honduras era casi imposible para mí. La carrera estaba mal vista, era peligrosa, y solo la ofrecían en una universidad ubicada en una de las ciudades más violentas del país. Era como si el destino me dijera que, para cumplir mis sueños, tenía que irme. Y con eso, mi sueño se detuvo.

Esa mezcla de miedo, deseo y esperanza fue lo que me impulsó a migrar a España. No fue una decisión fácil, pero sentí que era la única forma de empezar a vivir de verdad.

Pero migrar no solo era un cambio de país. Era una ruptura interior. Durante mucho tiempo me sentí **culpable, egoísta y mala hija**. Me dolía pensar que estaba abandonando a mi madre, a mis hermanos, a todo lo que conocía. En especial a ella: mi madre, la mujer que me había criado con mano dura, pero también con el amor que sabía dar. Me dolía verla en mis recuerdos, en silencio, aceptando mi partida con esa mezcla de orgullo y tristeza que solo una madre puede sentir.

A veces me preguntaba si estaba haciendo bien, si mi deseo de libertad justificaba tanto dolor. Me pesaba la culpa de haber elegido mi camino cuando tantas veces me enseñaron a vivir para los demás.

Recuerdo perfectamente el día de mi partida. El aire olía a tierra húmeda y despedida. Mi padre se negó a ir al aeropuerto. Fue la primera vez que lo vi llorar, y esa imagen se me quedó grabada para siempre. No dijo nada, solo me miró, con los ojos llenos de lágrimas que nunca le había visto derramar.

Mi abuela, por parte de madre, estaba muy enferma, pero insistió en acompañarme. Caminaba despacio, apoyándose en su bastón, y cada paso parecía un esfuerzo enorme. Cuando nos abrazamos por última vez, me dijo con voz temblorosa:

—La quiero mucho, mi niña. Márchese sabiendo que jamás me volverá a ver, porque cuando vuelva ya no estaré.

Sus palabras me atravesaron el alma.

Subí las escaleras hacia el avión con las lágrimas nublándome la vista. Llevaba una maleta llena de miedos, de culpa, de sueños rotos y también de esperanza. No sabía qué me esperaba al otro lado del océano, pero sí sabía que estaba dejando atrás una vida que ya no podía ser mía.

Así empezó mi viaje.
No solo hacia otro país, sino hacia mí misma.

Capítulo 3:
El viaje que cambió mi vida

Tenía dieciocho años cuando tomé la decisión de dejar Honduras. Era una chica que, a pesar de su edad, no había vivido casi nada. Mi mundo se había reducido a las reglas de mis padres, al miedo a equivocarme y a la sensación constante de estar encerrada. No fue una decisión impulsiva, sino una necesidad: quería respirar, descubrir qué había fuera, intentar ser libre.

Recuerdo las semanas previas al viaje como una mezcla de ilusión y angustia. Las calles de mi barrio olían a tierra mojada, a café recién colado, y cada rincón me parecía más pequeño. Mi abuela, enferma pero fuerte, me miró a los ojos el día antes de partir y me dijo:

—Váyase, mi niña. Váyase sabiendo que quizá no me vuelva a ver, pero hágalo sin miedo.

Sus palabras me dolieron más que cualquier despedida. En ese momento entendí que, a veces, la libertad tiene un precio muy alto.

Una de las mujeres que había criado mi tía me habló de la posibilidad de venir a España. Ella vivía aquí con su marido e hijos pequeños. Me prometió que podría trabajar y estudiar, que sería una oportunidad para construir mi futuro. Quise creerle. No tenía muchas alternativas, así que agarré esa promesa como quien se aferra a un salvavidas.

El viaje fue largo y silencioso. En el avión apenas pude dormir. Miraba por la ventanilla las nubes que parecían montañas de algodón y me preguntaba si estaba haciendo lo correcto. Lloré en silencio, escondiendo las lágrimas detrás del ruido de los motores.

Llegué a España el 13 de marzo de 2013. Recuerdo el frío en el aire, muy distinto al calor húmedo de mi tierra, y el silencio del aeropuerto que me hizo sentir tan lejos de todo. Al día siguiente ya estaba trabajando en la obra con el marido de esa mujer. No entendía mucho de lo que pasaba, pero obedecía. Trabajaba como peona, y con los días las responsabilidades fueron aumentando.

Me levantaba a las seis de la mañana para limpiar la casa, preparar el desayuno, llevar a los niños al colegio y luego irme a trabajar. El cansancio se me metía en los huesos, pero no me atrevía a quejarme. Pensaba que era normal, que era el precio de la oportunidad que me habían ofrecido. Lo que nunca llegó fue el sueldo.

Recuerdo una llamada de mi madre, un día cualquiera, cuando ya llevaba un mes allí. Me preguntó: «¿Y los estudios? ¿Y el trabajo? ¿No te pagan?».

Esa pregunta me dolió porque me hizo darme cuenta de algo que no quería aceptar: me habían mentido. No era la vida que me prometieron, y poco a poco empecé a sentirme atrapada de nuevo, como si los barrotes de Honduras hubieran cruzado el océano conmigo.

Vivir con ellos fue una de las peores etapas de mi vida. Allí sufrí algo que nunca debí vivir, un acto que me marcó profundamente y que cambió mi manera de ver el mundo. Tardé tiempo en entenderlo, en hablarlo, en aceptarlo.

Con el tiempo, y gracias a personas que me tendieron la mano, encontré ayuda en CAVAS, una asociación que trabaja con víctimas de violencia sexual. Fue allí donde empecé a entender que no estaba sola, que lo que me pasó no era mi culpa y que tenía derecho a sanar. Recuerdo el día en que la terapeuta me dijo: «No tienes que ser la misma de antes, solo tienes que ser tú, pero sin miedo».

Esa frase se me quedó grabada. Me acompañaron con paciencia, con respeto, y gracias a ese proceso, años después, me dieron el alta psicológica.

Hoy puedo decir que estoy bien. Escribir este libro no es una forma de revivir el dolor, sino de reconocer mi camino. Porque sobrevivir fue solo el primer paso; ahora quiero contar, con voz propia, cómo seguí adelante.

Capítulo 4:
El silencio y el despertar

El 26 de mayo se me quedó grabado para siempre. Ese día falleció mi abuela, una de las personas más queridas para mí. El dolor era tan grande que no quise quedarme sola en casa; necesitaba distraerme, alejarme del llanto. Nunca imaginé que esa fecha marcaría el comienzo de uno de los capítulos más oscuros de mi vida.

Esa tarde el cielo estaba gris, como si presintiera lo que vendría. Recuerdo el silencio pesado de la casa, el olor a cemento húmedo del trabajo, el sonido de los pasos de ese hombre acercándose. Fue entonces cuando él, el mismo con el que trabajaba y en quien había depositado una mínima confianza, cruzó una línea que nunca debió cruzar. En un instante mi mundo cambió. Sentí cómo todo se rompía por dentro: la inocencia, la calma, la fe en la humanidad.

Durante seis meses viví atrapada entre el miedo, la vergüenza y el silencio. No lo conté a nadie, no porque no quisiera, sino porque el terror me paralizaba. Me movía por inercia, como si habitara un cuerpo que ya no me pertenecía.

Mis padres siempre habían sido figuras de autoridad y respeto, pero no de confianza. Nunca sentí que pudiera hablar con ellos de lo que me pasaba sin ser juzgada. Y eso lo sabía muy bien mi agresor. Me repetía una y otra vez que, si decía algo, mis padres pensarían que yo lo había provocado, que había coqueteado con él. Esa manipulación fue la cadena más pesada que llevé.

Había días en los que me miraba al espejo y no reconocía a la persona que veía. Me sentía vacía, desdibujada. A veces escuchaba risas en la calle y pensaba: «¿Cómo hacen para seguir viviendo con tanta ligereza?». Mi cuerpo se volvió una cárcel: no dormía, apenas comía, y cada respiración era un esfuerzo.

Recuerdo una noche en particular. Estaba en la cocina, preparando la cena, y el olor del aceite caliente me hizo sentir náuseas. Sentí un temblor en las manos, un vértigo que me hizo dejar caer el plato. Cuando lo oí romperse contra el suelo, algo dentro de mí también se quebró. Me apoyé contra la pared y lloré en silencio, con miedo de que alguien escuchara. Fue entonces cuando pensé que quizá desaparecer sería más fácil que seguir respirando.

Con el tiempo, esas personas empezaron a notar mi deterioro. No por compasión, sino por miedo. La mujer que me había traído a España sabía perfectamente lo que ocurría y, en lugar de ayudarme, buscó maneras de deshacerse de mí. Un día insinuó que debería aceptar ser «la compañera» de otro hombre adinerado del pueblo. Su voz sonaba fría, calculada. En sus ojos no había empatía, solo conveniencia.

Finalmente, consiguieron un proyecto de trabajo en Valencia y se mudaron. Fue entonces cuando logré salir de esa casa. Me quedé prácticamente sin fuerzas, pero libre. Recuerdo el aire de la calle golpeándome la cara como si fuera la primera bocanada de vida después de un largo encierro. Estaba delgada, agotada, y mi cuerpo parecía el de una sombra. Pero, por primera vez en meses, el miedo no estaba en la misma habitación que yo.

Pasé algunos días en una habitación alquilada junto a otros inmigrantes. Allí conocí a un hombre mayor, hondureño también, que tenía el alma buena y la mirada de quien ya ha sobrevivido a muchas batallas. Notó mi silencio, mi temblor. Una tarde, mientras tomábamos café, me dijo con voz tranquila: «No puedes seguir así, hija. Déjame ayudarte».

Y así fue. Me llevó a una ONG hondureña que trabajaba con mujeres en situación de vulnerabilidad. Recuerdo la primera vez que crucé la puerta: tenía las manos frías y la garganta seca. Me ofrecieron un vaso de agua y, por primera vez en mucho tiempo, alguien me dijo: «Aquí estás a salvo».

Lloré durante casi toda la primera entrevista. Ellas no me apuraron ni me interrumpieron. Me escucharon. Y eso, que parece tan simple, fue el primer paso hacia mi curación.

Poco después hablé con una de mis tías por parte de madre, que vivía en Estados Unidos. Ella conocía a esas personas y, en cuanto le conté lo sucedido, me creyó sin dudar. Su voz al otro lado del teléfono fue un bálsamo: «No estás sola, mi niña. No lo estás».

Llamó a mi madre para contarle todo, esperando que me apoyara. Pero esa llamada terminó siendo otra herida.

Recuerdo perfectamente las primeras dos preguntas que me hizo mi madre: «Fuiste vos la que lo provocaste? ¿Estabas virgen cuando pasó?».

Esas palabras se me quedaron clavadas en el pecho. No supe qué responder. Sentí que algo dentro de mí se congelaba. En ese instante comprendí que no solo debía sanar del abuso, sino también del tipo de amor que me habían enseñado: un amor condicionado, lleno de culpa, de silencio y de miedo.

Con el tiempo, entendí que contar mi historia no era revivirla, sino ponerle nombre. Que el dolor no desaparece de un día para otro, pero se transforma cuando se comparte con verdad y sin vergüenza. Aprendí a hablar sin bajar la mirada, a entender que la culpa nunca fue mía.

Y, sobre todo, comprendí algo que quiero decir alto y claro: los hijos necesitan saber que pueden confiar en sus padres sin miedo, porque el silencio nace del temor, no de la culpa. El amor verdadero no pregunta «¿qué hiciste?», sino «¿cómo te ayudo?».

Capítulo 5:
Reconstruirme

Las terapias y el tratamiento fueron duros, pero necesarios. En CAVAS encontré un equipo que me sostuvo cuando yo apenas podía mantenerme en pie. Recuerdo la primera vez que crucé su puerta: tenía el corazón acelerado y las manos frías. Me recibió una psicóloga de voz suave, que me ofreció un vaso de agua y me dijo: «No tienes que contarme todo hoy. Empieza por lo que te salga».

Esa frase, tan simple, me permitió respirar.

Al principio hablaba poco. El miedo todavía me hacía temblar, y cada palabra que pronunciaba parecía una piedra que me sacaba del pecho. Pero sesión tras sesión, mi voz fue cobrando fuerza. Me enseñaron a reconocer las emociones sin huir de ellas, a entender mis reacciones y a dejar de sentir vergüenza por lo que me había pasado.

Lo más difícil de todo fueron los recuerdos. Durante las terapias aparecían episodios que mi mente había borrado, momentos tan dolorosos que mi cerebro había decidido esconder para protegerme. Cada recuerdo que emergía era como una quemadura: dolía con una intensidad imposible de explicar y me dejaba agotada durante días. Sentía que mi cuerpo revivía aquello una y otra vez, hasta que, poco a poco, la herida se transformaba en una cicatriz. Aprendí que sanar no era olvidar, sino aceptar que esas marcas siempre estarían ahí, recordándome no lo que perdí, sino lo que sobreviví.

Los psiquiatras del hospital La Fe también fueron parte esencial del proceso. Me ayudaron a equilibrar la mente cuando el cuerpo no daba más. Había días en los que salir de la cama era una batalla. Otras veces me sentaba frente al mar, observando el vaivén de las olas, y me repetía: «un día más, solo un día más». Así comprendí que sanar no significa dejar de sentir dolor, sino aprender a convivir con él sin que me destruya.

En ese tiempo también conocí a Villa Teresita, un lugar y un grupo de personas que me marcaron. Recuerdo el olor a flores en la entrada, las risas que se mezclaban con las oraciones y, sobre todo, la paz que se respiraba en cada rincón. Allí conocí a Merche, una mujer con una energía serena, siempre dispuesta a escuchar. Su apoyo fue incondicional.

Y también estaba **Fátima**, la señora de la ONG hondureña. Fue parte fundamental de mi recuperación. Me acompañó a cada cita, sin importar la hora o el clima, siempre con una sonrisa y palabras de aliento. Intentaba hacerme sentir mejor de mil formas. Recuerdo una vez que llegó a casa con un pequeño neceser y me dijo: «Hoy vamos a recordarte quién eres».

Me peinó, me maquilló y me puso frente a un espejo. Me miró con ternura y me dijo: «Esa mujer hermosa y fuerte eres tú. Vuelve a soñar en grande, sin miedo y sin prisa».

Aquellas palabras se me quedaron grabadas. No era solo un gesto, era una forma de devolverme la dignidad. Frente a ese espejo, por primera vez en mucho tiempo, me reconocí. Volví a verme viva.

Y cómo olvidar a **María Jesús y Manuel Bravo**, un matrimonio de españoles que, sin conocerme, me abrieron las puertas de su casa. No tenían mucho —la nevera casi siempre estaba vacía—, pero lo poco que había lo compartían conmigo. Me ofrecieron un plato de comida caliente y, sobre todo, un refugio en aquellos días tan grises.

Recuerdo una tarde fría, cuando me sirvieron un simple té y unas galletas rotas; me sonrieron y me dijeron: «Aquí no hay lujo, pero hay cariño».

Y tenían razón. En su casa sentí algo que hacía mucho no sentía: **seguridad y familia**.

Con ellos comprendí que la bondad y la humanidad aún existían. Que, incluso en medio del dolor más profundo, hay personas dispuestas a tender la mano sin pedir nada a cambio.

Pese a todo lo negativo, a los días que pesaban como montañas, reconozco que **todas esas personas fueron rayos de bondad y esperanza en mi vida**.

Gracias a ellas empecé a creer de nuevo en los demás… y en mí misma.

Poco a poco me recuperé. Cada día aprendí a amarme un poco más, a aceptar mis cicatrices no como una marca de lo roto, sino como prueba de lo que había resistido. Y fue entonces cuando conocí a un chico que se convirtió en mi primer amor. Con él descubrí algo que creía perdido: la ternura. Aprendí que las caricias y el afecto podían ser suaves, que podían sanar en lugar de herir. Con él entendí que el amor no siempre duele, y que el cuerpo también puede ser un lugar seguro.

Capítulo 6:
Renacer entre el dolor y la esperanza

Cuando pensaba que la vida por fin me daba un respiro, llegó uno de los golpes más duros: **el asesinato de mi padre**.

A pesar de todo lo vivido, de las heridas y de la distancia, su muerte me removió hasta lo más profundo. Fue un dolor distinto, una mezcla de tristeza, culpa, impotencia y nostalgia. Por primera vez entendí que, a pesar de nuestras diferencias, él me había querido a su manera.

Su ausencia me hizo mirar atrás con otros ojos y, de algún modo, ese hecho trágico terminó por **reconciliarme con mi madre**. Comprendí que, aunque su forma de amar fuera dura, también había amor en ella.

Pero la culpa me acompañó desde el principio. **Él falleció en enero**, y en **julio del año anterior** yo había viajado a ver a mi familia. Durante aquella visita tuvimos una conversación muy dura, pero también muy necesaria.

Le hablé de la mujer que había logrado ser, de mis sueños, de mi deseo de vivir mi vida a mi manera y tomar mis propias decisiones.

Mi padre estaba enfadado. Me reclamó que, cuando sufrí el abuso, no había regresado a casa con la familia.

Yo le respondí, con el corazón temblando, que no podía hacerlo, que ya no quería más ataduras ni cadenas de ningún tipo.

Hubo silencio. Pero en medio de ese silencio, él me abrazó y me dijo con los ojos húmedos:

—Estoy orgulloso de mi niña.

Y no sé por qué, mientras me abrazaba, añadió:

—Hija, siento que ya no te voy a volver a ver.

Yo, intentando sonreír, le respondí:

—Papá, mañana me voy, pero el año que viene volveré.

Y sí, volví… pero **a enterrarlo, con el corazón roto**.

Después de su muerte viví **dos duelos a la vez**: el de mi padre y el de mi primer amor.

Aquel chico había sido parte esencial de mi proceso de recuperación. Con él descubrí la ternura, las caricias sin miedo, el amor tranquilo. Pero con la muerte de mi padre, mi mundo interior se desmoronó. Mis emociones eran una montaña rusa, y sin darme cuenta, comencé a alejarlo. Él, agotado por no saber cómo ayudarme, decidió marcharse.

Y aunque en ese momento sentí que el mundo se me venía abajo, **hoy sé que fue lo mejor**. Porque esa pérdida, sumada al dolor por mi padre, me llevó a tocar fondo.

Desde ese abismo comprendí que, o tomaba las riendas de mi vida, o me quedaría atrapada en el dolor para siempre.

Fue entonces cuando **decidí ser valiente** y convertirme en la protagonista de mi historia, no en la víctima.

Poco a poco, con la ayuda de mi terapeuta, empecé a levantarme.

El día que me dieron el alta psicológica fue uno de los más importantes de mi vida. Puede parecer algo pequeño, pero para mí **tomarme una Coca-Cola en una terraza** fue un acto de libertad. Después de años de miedo, sentarme al sol sin pensar en el pasado fue un triunfo.

Tiempo después conocí a otro chico, con quien viví una historia bonita al principio.

Pensé que, por fin, la vida me daba la oportunidad de construir algo nuevo. Era un amor lleno de ilusiones y planes.

Quedé embarazada; fue un bebé buscado, deseado. Hablábamos de casarnos, de formar una familia.

Lo que siguió fue otra etapa de dolor: **violencia de género**.

Recuerdo cuando me hice la prueba de embarazo: la ilusión de que saliera positiva, porque ambos soñábamos con formar una familia. Pero, de repente, todo cambió.

De ser un hombre sereno y comprensivo, pasó a ser alguien amargado, al que todo le molestaba. Empezó a subir el tono de voz, a darme pequeños empujones y, con el tiempo, esos empujones se convirtieron en **golpes**.

Yo al principio no entendía nada. Lo único que pensaba era: «Estoy embarazada, debería ser una etapa dulce y feliz, como para cualquier mujer», pero fue todo lo contrario.

Recuerdo que me decía que estaba gorda, fea, que olía mal…

Y cuando tomé la firme decisión de separarme, me amenazaba con tirarse por el balcón o con hacerme daño.

No sé de dónde saqué la fuerza —quizás del instinto de proteger a mi bebé—, pero logré enfrentar la situación y **no dejarme vencer**.

Por fin volví a tener paz, aunque en el fondo estaba asustada.

Iba a vivir una nueva etapa: la de **ser mamá sola**.

Me aterraba pensar que un ser tan pequeño e inocente dependiera cien por ciento de mí.

Era algo contradictorio, porque a la vez era feliz: en cada ecografía lloraba.

Y cuando me dijeron que sería una niña, lloré muchísimo. Llamé a mi madre, y las dos lloramos juntas, porque mi padre siempre decía que su primer nieto quería que fuera una niña.

Y así fue.

Al principio no quería creerlo. Me costaba aceptar que alguien que había amado pudiera lastimarme así.

Pero esta vez yo ya no era la misma.

Tenía las herramientas, la fuerza y, sobre todo, la convicción de que merecía paz.

Salí de esa relación. Fue doloroso, pero también una victoria.

Continué con mi embarazo sola, con miedo, pero con determinación.

Y un día llegó **ella**, mi hija, la niña más hermosa que he visto.

Su llegada lo cambió todo. Se convirtió en la razón por la que mi corazón cada día seguía encontrando fuerzas.

Claro que quedé con cicatrices. Algunas visibles, otras invisibles. Pero no me rendí.

Volví a terapia, esta vez en el **Centro de Mujeres 24 horas**, y poco a poco **volví a reconocerme**.

Volví a mirarme al espejo sin miedo, a sentirme guapa, a creer que todavía podía tener un futuro.

Después de casi dos años, logré algo que pensé imposible: **dejé de tener miedo**.

Y entonces, sin darme cuenta, volví a sonreír.

Volví a vivir.

Capítulo 7:
Entre lágrimas y milagros

Cuando tenía cinco meses de embarazo conocí a una persona que se convirtió en una de las más importantes de mi vida: **Amanda**.

No somos hermanas de sangre, pero sí del alma. Desde el primer día me cuidó con un cariño inmenso, como si la vida la hubiera puesto ahí para protegerme. Estuvo conmigo en cada paso de mi embarazo, acompañándome cuando el miedo o la tristeza querían volver. Me sostenía cuando el cuerpo se cansaba y el alma temblaba.

Amanda fue mi hermana prácticamente desde el día que la conocí. Estuvo conmigo en todo momento, y también en el parto, que fue muy difícil. Fueron **35 horas de dolor, cansancio y desesperación**. Sentía que ya no podía más, que mi cuerpo no tenía fuerzas.

Recuerdo cuando el ginecólogo entró y nos dijo que, si la bebé no salía pronto, tendrían que hacerme una cesárea porque **se estaba quedando sin aire**.

En ese instante, algo dentro de mí despertó.

Le pedí a la matrona y a la enfermera que, por favor, me avisaran cuando viniera una contracción fuerte. Les dije que solo necesitaba unos segundos, una oportunidad más.

Cuando llegó esa contracción, **puse toda mi alma en ese último esfuerzo,** y entonces, con un grito que salió desde lo más profundo de mi ser, **nació mi pequeña**.

En ese momento supe que mi mundo había cambiado para siempre.

Cuando la colocaron sobre mi pecho y sentí su calor, su respiración, su vida, entendí que **ese pedacito de carne que había nacido de mí era mi todo**.

No hay palabras que puedan describir esa sensación. Era como si el tiempo se hubiera detenido y solo existiéramos ella y yo.

Me sentí la mujer más fuerte, valiente y feliz del mundo.

Y allí, junto a mí, estaba Amanda, con lágrimas en los ojos, sosteniéndome la mano, compartiendo ese milagro como si también fuera suyo.

Siempre digo que, a pesar de todo lo negativo que he vivido, la vida —o quizá Dios— siempre me ha puesto en el camino a personas extraordinarias. Seres que llegan sin anunciarse, pero que se quedan para sanar. Amanda fue una de ellas. Y, al igual que ella, **Jimmy** llegó a mi vida como un regalo inesperado.

Aunque no lleve su sangre, soy su hija. Su amor y su forma de estar me lo recuerdan cada día. Pero lo más hermoso es que también se ha convertido en un refugio de amor y paz para mis hijos: es su abuelo, su presencia silenciosa que nos hace sentir que nunca estamos solos.

Jimmy es como ese guardián que la vida me envió para protegerme con un cariño sincero e incondicional, un hombre que no necesitó palabras para demostrar que la familia se elige, y que a veces los lazos del alma son mucho más fuertes que los de la sangre.

En esa nueva etapa como mamá, Amanda y Jimmy me enseñaron que no estaba sola, que las familias no siempre se forman de la manera tradicional y que el amor no necesita un apellido para ser verdadero.

Después de todo lo que viví con el padre de mi hija, me prometí volver a intentarlo, volver a vivir. Pero uno de mis grandes errores fue **obsesionarme con la idea de darle a mi hija una «familia completa»**, con un padre presente, sin entender que ella ya era feliz.

Nuestra familia ya existía: éramos ella, Amanda y yo. Ese era nuestro hogar. Distinto, sí, pero lleno de amor, risas y tardes de juegos improvisados en la cocina mientras el olor del café se mezclaba con el sonido de nuestras voces.

Fue en ese momento de búsqueda y confusión cuando conocí a otro hombre. Al principio creí que era alguien bueno, alguien que podía compartir la vida conmigo. Tenía palabras bonitas, gestos que parecían sinceros, promesas que sonaban a esperanza.

Pero el destino, una vez más, quiso ponerme a prueba: **estaba casado, y su esposa también esperaba un hijo**.

Cuando lo descubrí, sentí que el suelo se abría bajo mis pies. Fue como si me arrancaran el aire de golpe. Me sentí utilizada, traicionada, como si la vida quisiera recordarme lo frágil que podía ser la esperanza.

Me costó aceptar la verdad. Cada noche, me repetía que no podía ser cierto, que tal vez había algún error. Pero la realidad era dura y clara. Me había dejado llevar por palabras vacías, buscando algo que no debía buscar: llenar vacíos con ilusiones.

Lo peor no fue la mentira, sino la **vergüenza**. La sensación de haber fallado otra vez. Pensaba en mi familia, en mis hermanos, en las personas que siempre me habían visto como una mujer fuerte y luchadora. Sentía que los defraudaba. Me miraba al espejo y solo veía culpa, tristeza y un cansancio profundo.

Y entonces, **llegó otro golpe**. Descubrí que estaba embarazada.

No estaba preparada. No quería volver a ser madre sola. Me sentía agotada, sin fuerzas, sin ganas de volver a empezar. Recuerdo las noches interminables, abrazando mi vientre con lágrimas en los ojos, deseando que todo fuera un mal sueño.

Caí en una depresión profunda. Durante semanas no quería hablar con nadie. No quería aceptar el embarazo ni imaginar un futuro. Pero todo cambió el día que escuché el **latido del corazón de mi bebé** por primera vez.

Ese sonido… fue como un milagro. Un pequeño tambor que golpeaba dentro de mí, recordándome que la vida seguía, que todavía quedaba algo por qué luchar.

Fue entonces cuando conocí una asociación valenciana que me abrió las puertas sin juzgarme.

Allí encontré comprensión, apoyo y esperanza. Recuerdo a **Elena, Amalia e Isabel**, tres mujeres maravillosas que marcaron un antes y un después en mi vida.

Elena siempre tenía una palabra de aliento; me escuchaba con atención y, cuando terminaba de hablar, me miraba con ternura y decía: «No estás sola, lo estás haciendo bien».

Esa frase se convirtió en mi mantra. Cada vez que la desesperanza quería regresar, la repetía una y otra vez, hasta creerla.

Amalia, con su sonrisa cálida, me enseñó a volver a confiar en la bondad de la gente. Me llamaba para saber cómo estaba y, más de una vez, llegó a casa con una bolsa de pañales o un pequeño detalle para mi hija.

Su presencia era un recordatorio constante de que el amor no siempre viene de donde esperamos, pero siempre llega cuando más lo necesitamos.

Isabel ha sido especialmente fundamental en mi vida.

Es mi referente como madre, esa guía que cada día me fortalece y me enseña a ser mejor. Su sinceridad, su manera tan honesta de hablar y su alegría genuina por cada uno de mis logros me llegan al corazón. Gracias a ella, entiendo que la maternidad no se trata solo de criar, sino también de crecer, sanar y aprender junto a los hijos. Isabel me impulsa a mejorar cada día, en todos los aspectos de mi vida.

A veces pienso que no hay casualidades, solo encuentros necesarios.

Y en mi camino, cada persona que llegó tuvo un propósito: recordarme que, incluso después del dolor, hay amor; que, incluso después de perder, una puede volver a encontrarse.

El **embarazo de mi hijo fue muy complicado**.

Recuerdo una mañana, mientras tenía una conversación con mi jefa, que, de repente, me desmayé… o, mejor dicho, **me desplomé**. No recuerdo mucho, solo que desperté cuando los equipos de urgencias ya estaban a mi alrededor.

En el hospital me informaron que tenía **una amenaza de aborto**.

Fue un momento aterrador. Lloré como nunca, temiendo perderlo. Desde entonces supe que mi hijo era un **milagro**, porque, pese a todo lo que estaba viviendo, se quedó dentro de mí hasta que decidió nacer.

El parto fue muy rápido y doloroso, pero por segunda vez estaba viviendo otro de los momentos más felices de mi vida.

Recuerdo cuando nació y lo colocaron entre mis brazos: era precioso. Y, a los pocos segundos de haber nacido, **me sonrió**, como diciéndome: «Mamá, estoy aquí para hacerte feliz».

Entonces lloré. Lloré de emoción, de alivio, de amor. Sentí que **luchar por su vida había sido lo mejor que pude haber hecho**.

Después de que mi hijo nació, dejé de sentirme avergonzada.

Me di cuenta de que tenía una **familia preciosa**, diferente, sí, pero mía.

Una familia que había costado tanto construir y, precisamente por eso, la valoraba más que nada.

El día que escuché por segunda vez **un pequeño corazón latiendo dentro de mí**, supe que Dios me estaba regalando una nueva oportunidad.

Mi hijo llegó para completar algo que no sabía que estaba incompleto.

Hoy, es un niño hermoso, lleno de alegría, con una sonrisa que ilumina mis días.

A veces, cuando me mira con sus ojos verdes llenos de vida y me dice: «Mamá, te quiero»,

lo abrazo fuerte y, en silencio, le susurro: «Perdóname, hijo, por aquellos pensamientos. No sabía cuánto te necesitaba».

Ahora entiendo que mis hijos son mi recordatorio de que hay una vida que merece la pena vivirla; son mi luz y mi razón.

Ellos no llegaron para recordarme el pasado, sino para mostrarme **lo fuerte que puedo ser**.

Gracias a ellos aprendí a vivir sin miedo, a amar sin culpa y, sobre todo, a **perdonarme**.

Hoy sé que los milagros existen, aunque a veces lleguen disfrazados de lágrimas. Y es que quiero cerrar este capítulo diciendo, con el corazón en la mano, que fue Dios quien me dio la verdadera fortaleza. Él me enseñó a perdonar y también a perdonarme, a soltar el rencor y a no permitir que el dolor me convirtiera en alguien que no soy. Fue Él quien mantuvo viva mi fe cuando todo parecía desmoronarse, quien me levantó cuando no encontraba fuerzas para seguir. Dios ha sido mi guía, mi amparo y mi mayor sostén.

Hoy, sin miedo ni vergüenza, proclamo con voz clara que le debo todo a Él. Este capítulo se llama **«Entre lágrimas y milagros»** justamente por eso: porque los milagros existen, y yo soy testimonio de que la fe puede transformar el dolor en esperanza.

Porque, entre lágrimas y milagros… **renací**.

Capítulo 8:
La mujer que soy hoy

Hoy en día me siento una mujer fuerte, una mujer que lucha cada día por sacar adelante a sus hijos y hacerlos felices. Ellos son mi orgullo, mi razón y mi mayor logro.

Durante mucho tiempo me sentí avergonzada de ser madre soltera. Me dolía pensar que la gente pudiera verme como alguien incompleta, como si me faltara algo para ser una «familia de verdad». Pero con el tiempo entendí que no me faltaba nada, que en realidad lo tenía todo. Mis hijos y yo somos una familia completa, hecha de amor, esfuerzo y verdad.

Hoy miro atrás y sé que todo lo que he vivido —cada caída, cada herida, cada comienzo— me ha convertido en la mujer y la madre que soy. Lejos de sentir vergüenza, me siento feliz, orgullosa y en paz conmigo misma.

Nunca tomé el camino fácil. Y aunque la vida me haya golpeado muchas veces, lo más importante es que nunca traicioné mis principios, nunca dejé de creer en el bien ni de luchar por lo que considero justo.

Puede que en algunos momentos me haya perdido, pero siempre he sabido reencontrarme. Y cada vez que lo he hecho, he vuelto con más fuerza, más sabiduría y más amor por mí misma.

Actualmente sigo trabajando en mí, aprendiendo cada día que, para poder amar a alguien más, primero hay que amarse a una misma. Estoy en un proceso de crecimiento, de aceptación y de paz interior. Amo disfrutar del tiempo de calidad con mis hijos, compartir con ellos risas, conversaciones, momentos simples que se vuelven eternos. En ellos encuentro la compañía más sincera y el amor más puro.

También estoy estudiando **Electricidad**, y a veces pienso que yo, que nací y crecí entre tantos tabúes, he llegado a un mundo donde casi todo es masculino. Pero me gusta. Porque cada cable que conecto es como **darle luz a la esperanza de cada uno de mis sueños.**

Siento que, con cada conexión, también ilumino mi propio camino, ese que tanto me costó construir.

Hoy me acepto completamente, con mis cicatrices, con mis errores y con mis logros.

Me miro al espejo y veo a una mujer entera, valiente, imperfecta y hermosa.

Mi relación con mi madre hoy es preciosa. Tenemos una confianza inmensa y, lejos de juzgarme, ella me apoya en cada decisión que tomo. Me aconseja con cariño y me recuerda lo orgullosa que está de la mujer que soy y de la madre en la que me he convertido. Reímos mucho en cada llamada, aunque a veces también lloramos. Ella se siente culpable por cosas del pasado, pero yo le quito ese peso diciéndole que no cambiaría a mi madre por ninguna otra.

Es imperfecta, sí, pero para mí es la mejor.

Porque he aprendido a amar desde el respeto y no desde el dolor —así soy yo—.

Y me amo.

Por fin, me amo.

Hoy sé que cada herida, cada lágrima y cada reconciliación me han traído hasta aquí.

Con mi madre, mis hijos y todas las personas que me sostienen, puedo mirar al futuro con esperanza.

Renacer no fue fácil, pero hoy soy la mujer que siempre quise ser: fuerte, amada y completa.

Epílogo:
Para mis hijos

A mis hijos,
mis pequeños maestros de vida.

Si algún día leen estas páginas, quiero que sepan que esta historia no es solo la mía. También es la suya. Porque gracias a ustedes encontré el valor de seguir adelante cuando creía que ya no podía más. Ustedes llegaron para recordarme que la vida puede renacer incluso desde las ruinas, que el amor más puro no duele y que el corazón, aunque esté roto, siempre puede volver a latir con fuerza.

He cometido errores, he tenido miedo, he dudado, he caído muchas veces... pero también me he levantado en cada una de ellas, pensando en ustedes.

Por eso, si alguna vez sienten que el mundo se les derrumba, recuerden que dentro de ustedes corre la misma fuerza que me salvó a mí.

Esa fuerza que no se aprende en los libros ni se hereda con la sangre: nace del amor, de la verdad y del coraje de no rendirse.

No quiero que me vean como una mujer perfecta, sino como una mujer real, con cicatrices, con sueños, con fe. Porque esas marcas no son señales de debilidad, sino huellas de todo lo que he superado para poder abrazarlos hoy.

Quiero que sepan que estoy orgullosa de la madre que soy, porque cada lágrima, cada noche sin dormir y cada esfuerzo valieron la pena. Y si algo deseo para ustedes es que vivan libres, sin miedo a ser quienes son, sin culpa por elegir su propio camino.

No busquen una vida perfecta; busquen una vida **auténtica**. Amen sin miedo, perdonen con el alma y jamás olviden que siempre tendrán un hogar en mis brazos.

Gracias por darme una razón para seguir creyendo. Gracias por devolverme la luz cuando todo era oscuridad.

Con todo mi amor,
Mamá.

Agradecimientos

A veces la vida nos rompe, pero también nos regala almas buenas que nos ayudan a recomponernos. Este libro está lleno de esas almas que me tendieron la mano cuando más lo necesitaba.

A mi madre, porque no nacemos sabiendo ser madres, y hoy entiendo que también ella aprendía mientras me enseñaba. No la juzgo; al contrario, agradezco cada esfuerzo, cada intento por mostrarme lo mejor.

No cambiaría nada de usted, mamá.

Gracias por esas llamadas diarias, por las risas compartidas y por la enorme confianza que hoy nos une. La amo y la acepto tal y como es, con todo lo que somos y hemos vivido juntas.

A Jimmy, por ser esa luz tranquila en medio del caos.

Gracias por tu cariño sincero, por tu presencia constante, por tus palabras sabias y tu corazón enorme. Has sido como un padre para mí y un abuelo maravilloso para mis hijos. La vida fue demasiado generosa al cruzarte en mi camino, y siempre te llevaré en mi corazón con infinita gratitud y amor.

A Amanda, mi hermana del alma, gracias por cuidar de mí y de mis hijos con tanto cariño, por ser familia sin compartir sangre, por acompañarme siempre.

A María Jesús y Manuel Bravo, por su bondad inmensa, por abrirme las puertas de su hogar cuando más lo necesitaba, por recordarme que todavía hay personas buenas en el mundo.

A Elena, Amalia e Isabel, por su apoyo incondicional, por creer en mí cuando sentía que no podía más, por estar en cada paso del camino.

Isabel, gracias por ser esa presencia serena que ilumina mis días. Tu forma de acompañar, de escuchar sin juzgar y de celebrar cada pequeño logro me ha enseñado el valor de la constancia y la ternura. Eres un ejemplo de fortaleza y amor sencillo, una inspiración silenciosa que me impulsa a seguir construyendo la mejor versión de mí misma.

Y a Fátima, mi querida Fátima…

Aunque ya no estés en este mundo, tu voz, tu fuerza y tu ternura siguen vivas en mi memoria.

Gracias por acompañarme en los días más oscuros, por peinarme, maquillarme y enseñarme a mirarme al espejo con amor.

Tu luz sigue conmigo. Siempre.

A mi familia, por su amor y por los aprendizajes, incluso en los silencios.

Y, sobre todo, a mis hijos, mi mayor orgullo, mi razón y mi esperanza.

Por ellos aprendí a levantarme una y otra vez, a creer en la vida, a sanar y a seguir soñando.

Índice